11011

GAZ-67B
Albert Osiński

First Edition
Lublin 2005

Photos:
Albert Osiński, Maciej Niećko

Photos at the cover:
Albert Osiński
The photograph taken during
1st Rally of Military Vehicles
at the Modlin Fortress

Serie Editor:
Albert Osiński

Translation: Tomasz Szlagor

Proof reading: Agnieszka Skrzypek

Design: KAGERO STUDIO
Tomasz Gąska

OW KAGERO
ul. Mełgiewska 7-9
20-952 Lublin
tel./fax (+48-81) 749 11 81
tel./fax (+48-81) 759 65 03

e-mail: kagero@kagero.pl
marketing@kagero.pl
www.kagero.pl

ISBN 83-89088-81-9

Kalkomania dołączona do niniejszej publikacji stanowi integralną część książki i nie może być sprzedawana oddzielnie

Cena detaliczna: 22,00 PLN

KAGERO

TOPSHOTS

GAZ-67B

The GAZ-67B, commonly known as the "Chapayev", was a light cross-country vehicle designed in response to the Red Army requirement for a robust, fast, four-wheel-drive, all-terrain car. At the time, the Red Army lacked a purpose-built liaison and reconnaissance vehicle and it was felt that GAZ-type trucks and motorcycles were not fulfilling the role very well.

The Russian army had sponsored projects to develop a light cross-country vehicle as early as 1938. The first type to enter series production was the GAZ-61. It had been designed by the V.A. Grachov design bureau and incorporated components from the GAZ-AA and GAZ-M1 vehicles. Production was phased out in 1941.

In 1941 the design bureaus received the technical specifications for a new offroad vehicle. Its main task was to be reconnaissance missions. Furthermore, the vehicle had to be capable of towing a 45 mm AT gun, have provision for mounting a heavy machine gun and carry up to 300-400 kg of payload. The design phase was completed fairly quickly. The Gorkiy Automobile Works (GAZ) in-house design bureau produced a prototype of what became the GAZ-64, which entered mass production in autumn 1941. Based on its predecessor, the GAZ-61, the new design incorporated many components from truck types already in production. It made use of the GAZ-MM's engine as well as the GAZ-AA's gearbox and semi-elliptical suspension springs.

Improvements were made in response to operational feedback gathered through the course of 1942. The front wheel track was widened from 1278 mm to 1446 mm, while the rear wheel track was increased from 1245 mm up to 1449 mm (much improving the vehicle's stability). The wheelbase remained 2100 mm. Engine output was increased from 50hp to 54 hp and construction of the car's bodywork was simplified. The modernized design was designated 'GAZ-67'. The first vehicle of this type rolled off the assembly lines on 21st August 1943. In autumn of the same year, ZIS-3 cannon-towing tests were positively concluded.

In January 1944 the vehicle was again modernized. Its radiator was enlarged and a towing hook was added. The improved version, designated GAZ-67B, remained in production until 1953. Overall, there were 62,843 vehicles of the type produced, this number including 686 GAZ-64s.

The Polish Army used the GAZ-67B sub-type during WWII. After the war, it remained in service with the security forces and other state departments well into the 'sixties. Nowadays, besides examples preserved in museums, there are some meticulously restored GAZ-67s in private ownership and they can still be seen at rallies and get-togethers held by military vehicle collectors.

Albert Osiński

The author would like to thank Mr Mirosław Spirowski and Mr Wojciech Frączek for their help while preparing this monograph

Fot. Albert Osiński

A restored GAZ-67B, fitted with indicators mounted on mudguards and a rear brake light, as per modern traffic regulations. There is also a non-original spare wheel mounted at the rear of the vehicle and oval-shaped handgrips • Odrestaurowany Gaz-67B przystosowany do ruchu drogowego poprzez dodanie kierunkowskazów na błotnikach i tylnych lamp stopu. Z tyłu znajduje się nieoryginalne koło zapasowe i owalne uchwyty

Fot. Albert Osiński

Fot. Maciej Niećko

Fot. Albert Osiński

Fot. Maciej Niećko

Fot. Albert Osiński

Fot. Albert Osiński

Fot. Maciej Niećko

Fot. Albert Osiński

Radiator grille • Osłona chłodnicy

Fot. Albert Osiński

Engine air intakes • Wloty powietrza do silnika

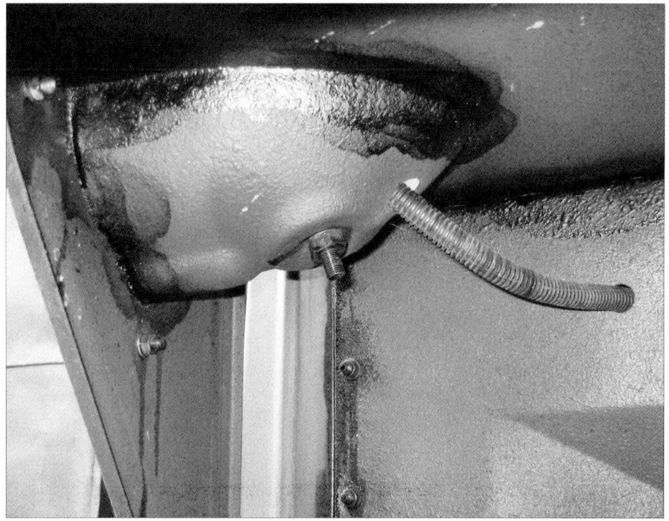

Front headlight mount • Zamocowanie przedniego reflektora

Headlight • Reflektor przedni

Front bumper with towing hooks • Zderzak przedni z hakami holowniczymi

Fot. Albert Osiński

Fot. Albert Osiński

Fot. Albert Osiński

Bonnet fasteners • Zatrzaski maski silnika

Fot. Maciej Niećko

Fot. Albert Osiński

Starter frank • Korba rozruchowa

Fot. Albert Osiński

Fot. Albert Osiński

Stowage compartment located on the left mudguard • Schowek na lewym błotniku

Fot. Albert Osiński

Windscreen frame. The windscreen is foldable forwards and can be fixed in that position by fasteners located on its either side • Przednia szyba

Fot. Albert Osiński

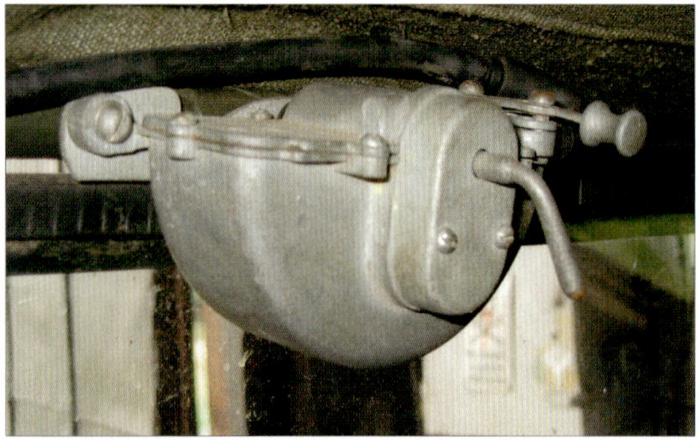

Left windscreen wiper motor. The windscreen wiper at the passenger's side is operated manually • Lewy mechanizm napędu wycieraczek. Po stronie pasażera wycieraczka poruszana była ręcznie

Windscreen folding mechanizm • Mechanizm składania szyby przedniej

Rearview mirror, a modern element • Lusterko wsteczne zamontowane współcześnie

Fot. Albert Osiński

Fot. Maciej Niećko

Rear wheel and mudguard • Tylne koło i błotnik

Fot. Albert Osiński

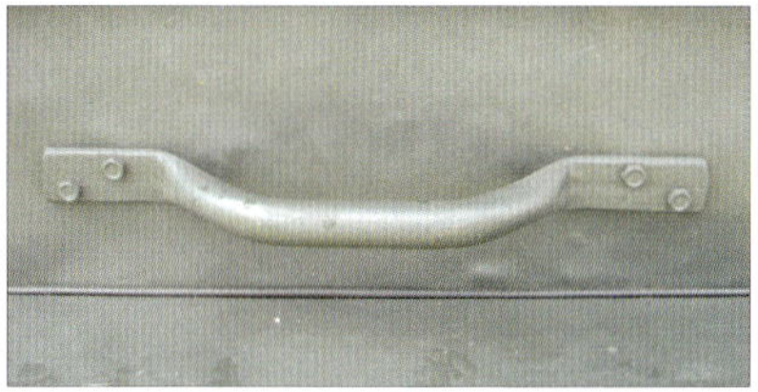

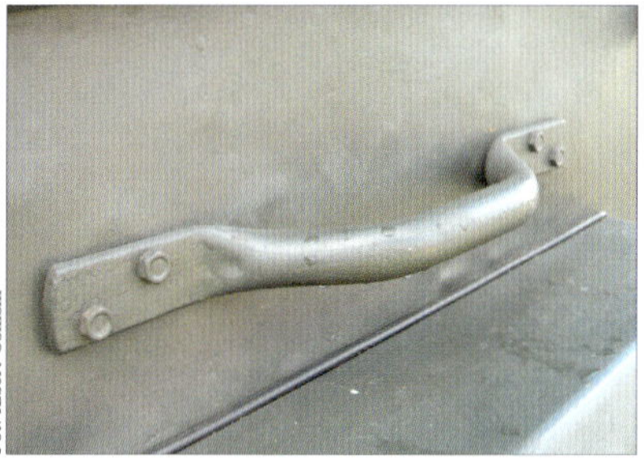

Fot. Albert Osiński

Handholds located above rear mudguards • Uchwyty nad tylnymi błotnikami

Fot. Albert Osiński

Fot. Albert Osiński

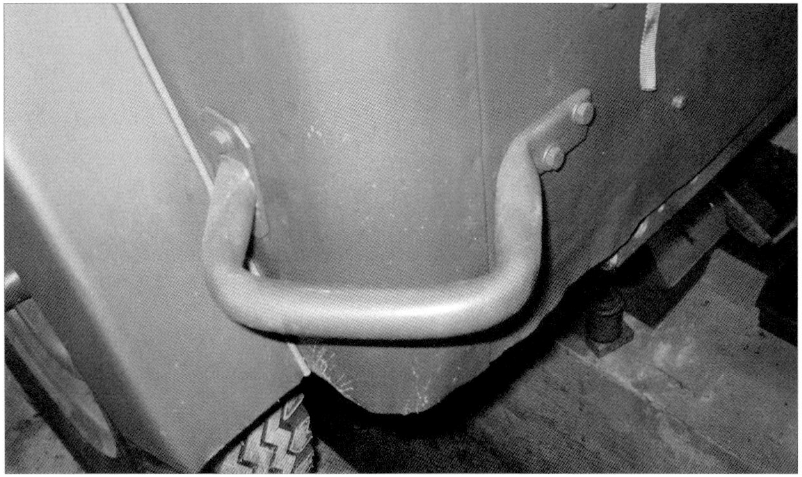

Rear part of the GAZ-67B after removing the spare wheel; note the side handgrips. The featured hook is not original • Tylna część Gaz-67B ze zdjętym kołem zapasowym i bocznymi uchwytami. Widoczny hak jest nieoryginalny

Fot. Albert Osiński

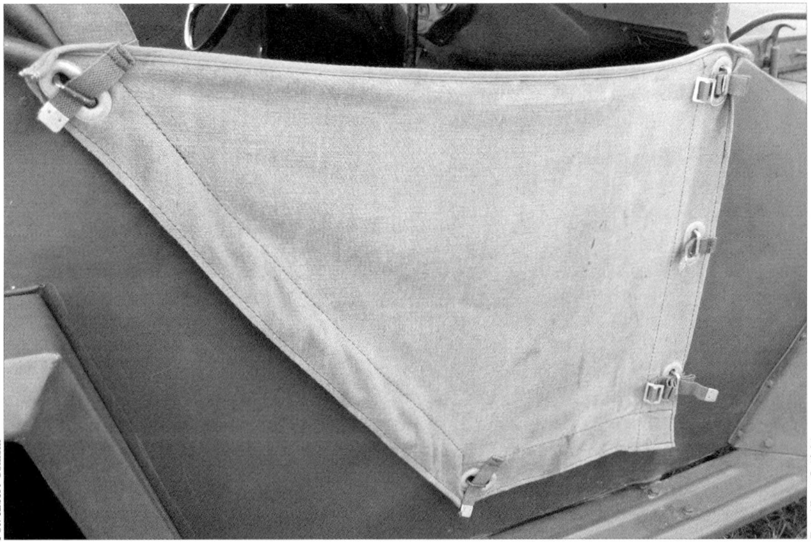

Fot. Albert Osiński

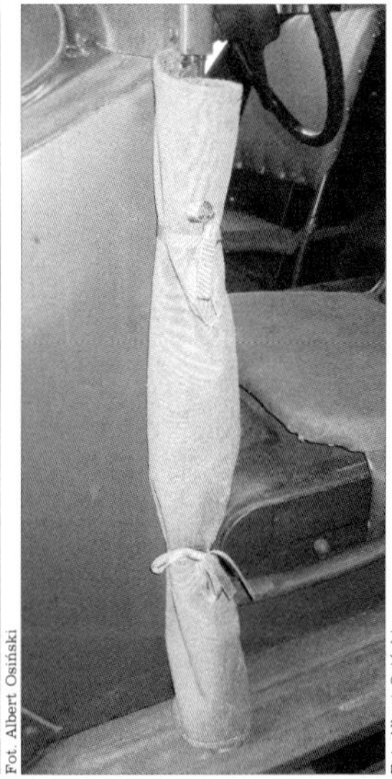

Fot. Albert Osiński

Fot. Albert Osiński

Fot. Albert Osiński

Canvas cover used instead of door. It could be rolled or entirely removed • Zasłona stosowana zamiast drzwi

Fot. Maciej Niećko

Fot. Albert Osiński

Fot. Maciej Niećko

Fot. Albert Osiński

Vehicle interior. Fuel tank was mounted under driver's seat • Wnętrze pojazdu. Pod fotelem kierowcy znajdował się zbiornik paliwa

Fot. Albert Osiński

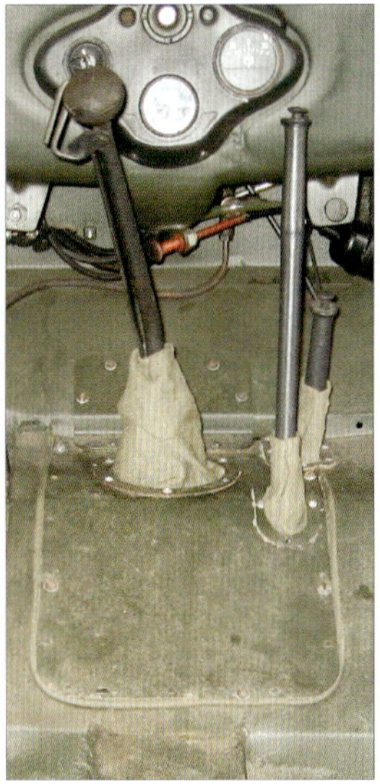

Fot. Albert Osiński

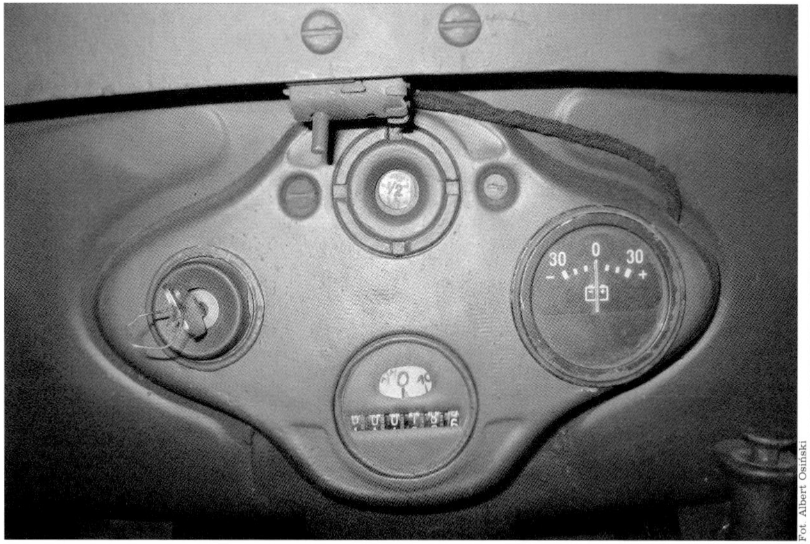

Fot. Albert Osiński

Fot. Albert Osiński

From left to right: light control switch, clutch, brake and accelerator pedals • Od lewej: przełącznik świateł, pedał sprzęgła, pedał hamulca i pedał gazu

Fot. Maciej Niećko

Austere dashboard, limited to ignition switch and a few basic gauges • Panel przedni kabiny. Na prostej konsoli umieszczono stacyjkę oraz dodatkowe wskaźniki

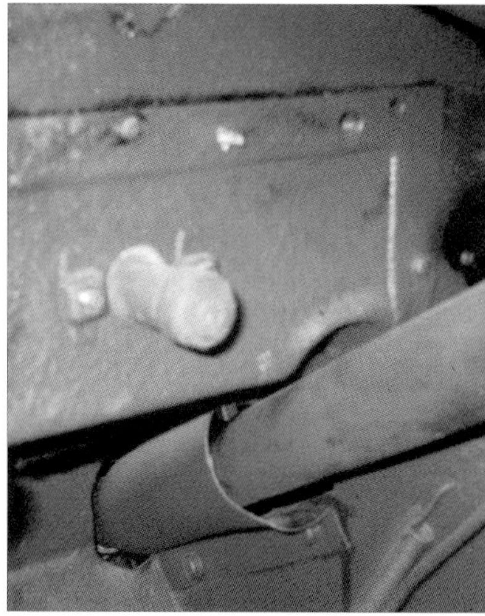

Fot. Albert Osiński

Fot. Albert Osiński

Close-up of a starter pedal. The wiring and the indicator light are modern • Zbliżenie na pedał rozrusznika. Przewód elektryczny z kontrolką zamontowany współcześnie

Control and steering instruments • Przyrządy kierowania i aparaty miernicze

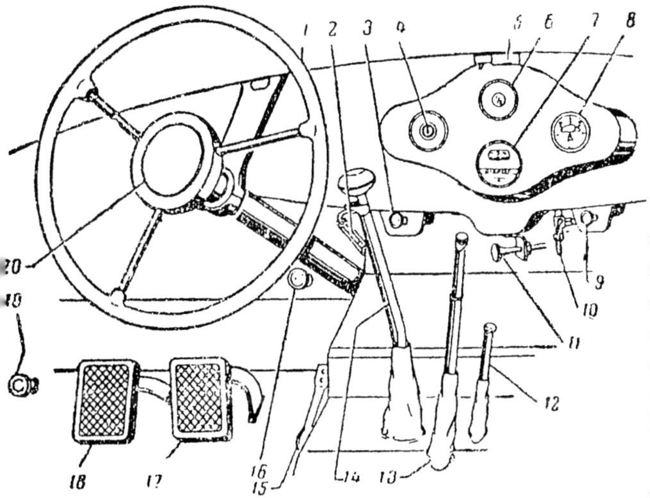

1. Steering wheel • Koło kierownicy
2. Fuse • Bezpiecznik topikowy
3. Light main switch • Główny przełącznik świateł
4. Ignition switch • Zamek zapłonu (stacyjka)
5. Dashboard indicator light • Lampka tablicy rozdzielczej
6. Fuel indicator • Wskaźnik poziomu benzyny
7. Speedometer • Szybkościomierz
8. Ammeter • Amperomierz
9. Mixture throttling valve • Gałka przepustnicy mieszanki
10. Tank switch • Kurek dwudrogowy przełączania benzyny
11. Sucion pump • Gałka przepustnicy powietrza
12. Lever actuating front drive shaft • Dźwignia włączania napędu przedniego mostu
13. Handbrake lever • Dźwignia ręcznego hamulca
14. Gearchange lever • Dźwignia zmiany biegów
15. Accelerator pedal • Pedał gazu
16. Starter pedal • Pedał rozrusznika
17. Brake pedal • Pedał hamulca
18. Clutch pedal • Pedał sprzęgła
19. Foot light switch • Nożny przełącznik świateł
20. Horn • Klakson

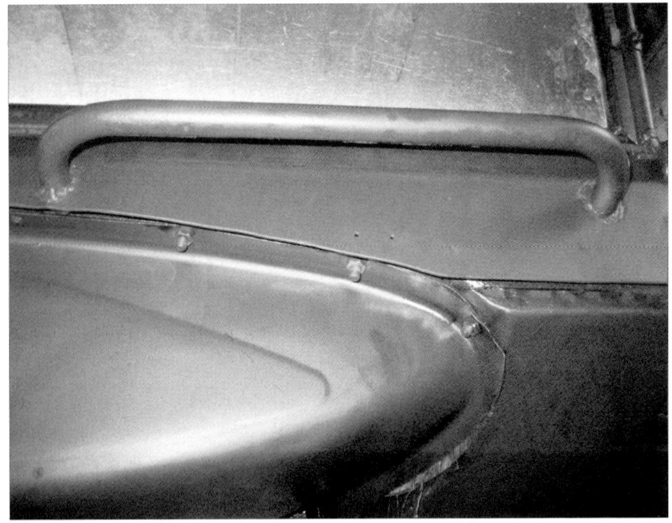

Passenger side handhold • Uchwyt pasażera

Fot. Albert Osiński

Fuel filter • Filtr paliwa

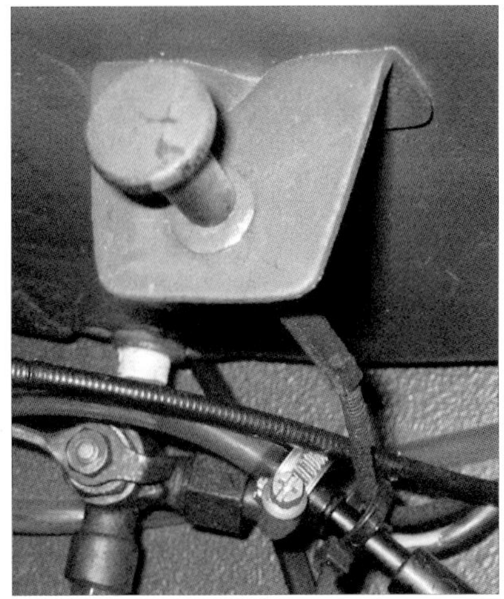

Light position and throttling valve actuating rods • Cięgna sterujące światłami i przepustnicami

Gear change lever, hand-brake lever and four-wheel-drive lever • Dźwignie zmiany biegów, hamulca ręcznego oraz dźwignia rozłączania przedniego napędu

Back seat • Tylna kanapa

Fot. Albert Osiński

Fot. Albert Osiński

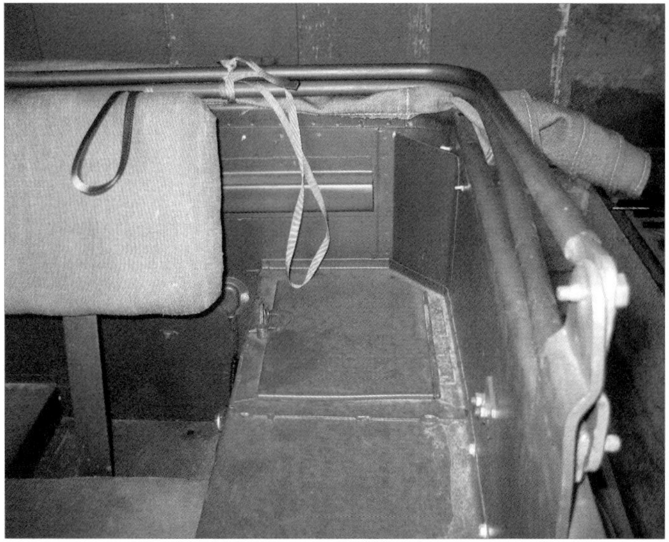

Rear part of the cabin with lockers located on its either side • Tylna część kabiny ze znajdującym się po obu stronach schowkiem

Fot. Albert Osiński

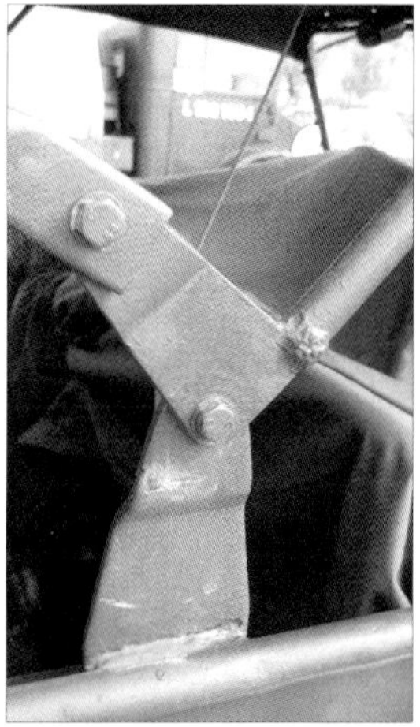
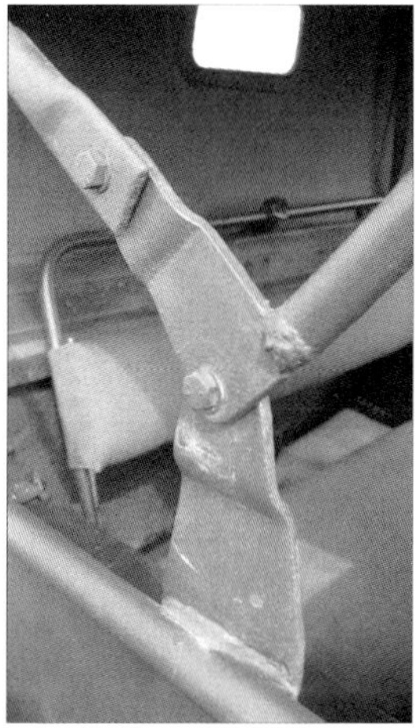
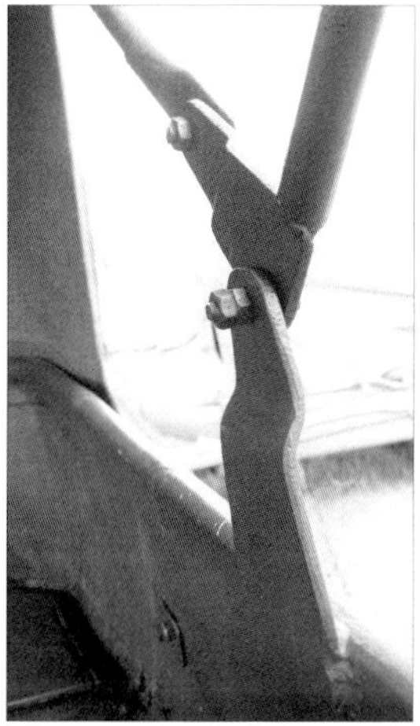

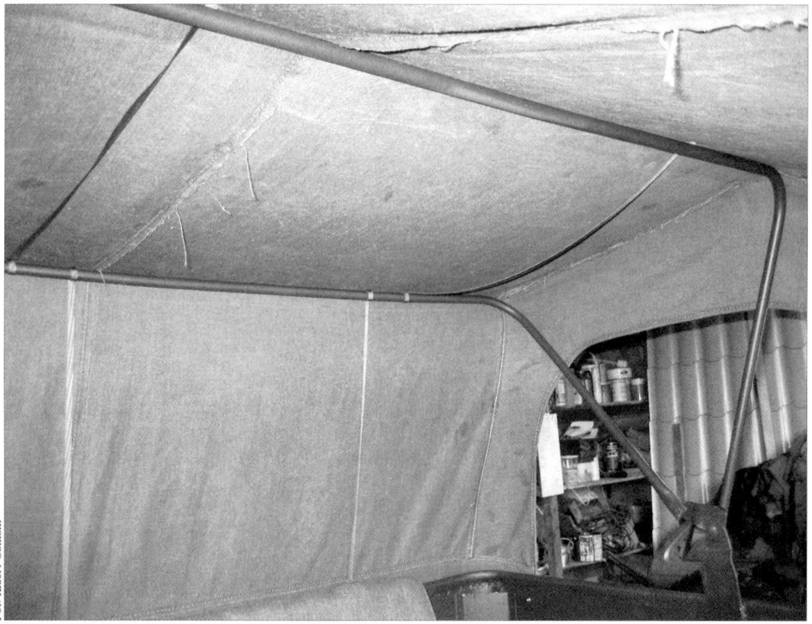
Fot. Albert Osiński

Frame of the convertible roof • Rama składanego dachu

Fot. Albert Osiński

Fot. Maciej Niećko

Fot. Albert Osiński

Fot. Maciej Niećko

Fot. Albert Osiński

Engine details. The pipe connecting carburettor and the air filter was smooth, not corrugated (see page 28) • Detale silnika. Rura łącząca gaźnik i filtr powietrza była gładka, a nie karbowana (patrz str. 28)

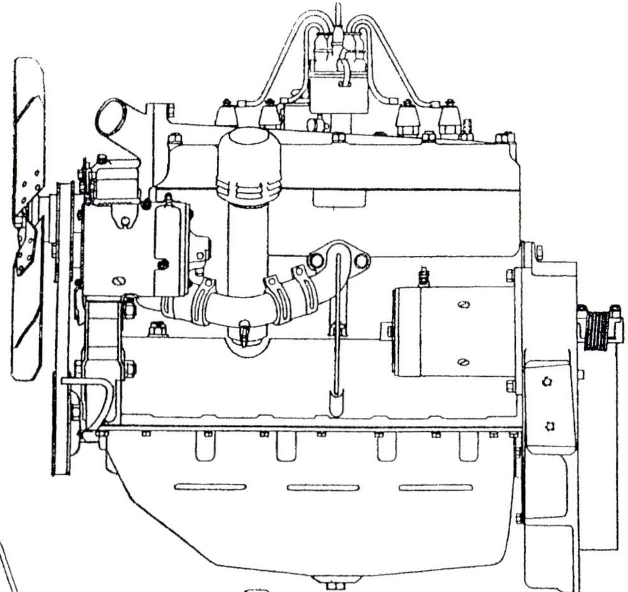

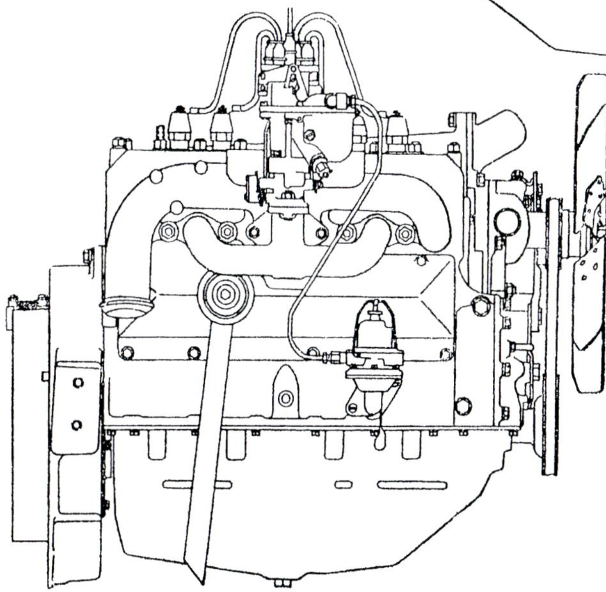

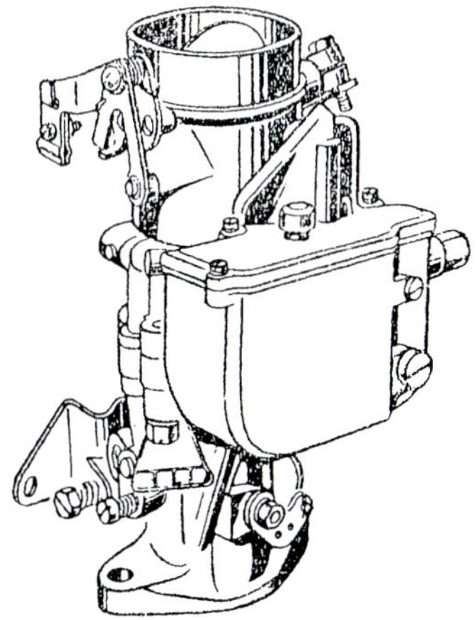

Carburettor K-23B • Gaźnik K-23B

Fot. Albert Osiński

Radiator details • Detale chłodnicy

Fot. Maciej Niećko

Fot. Maciej Niećko

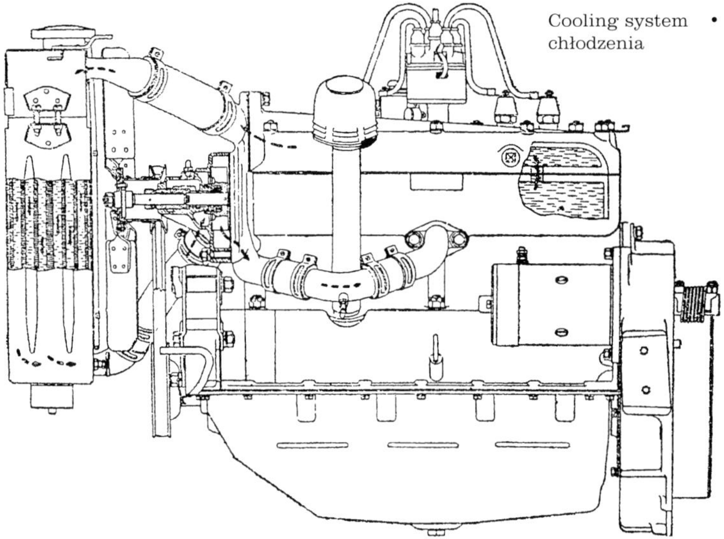

Cooling system • System chłodzenia

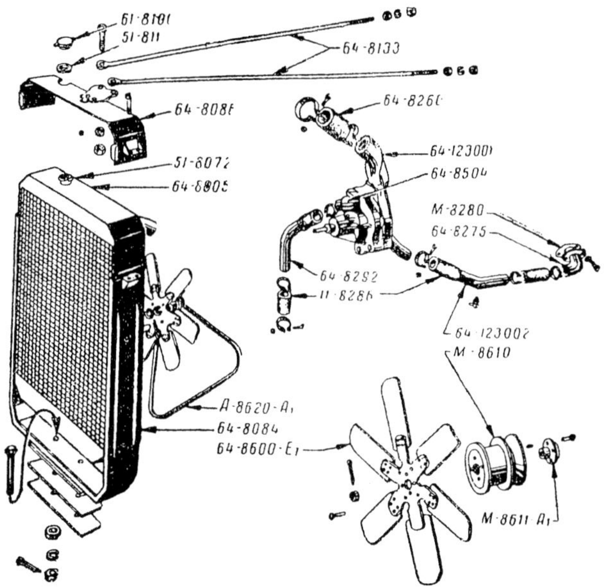

Fot. Albert Osiński

Carburettor • Gaźnik

Fot. Maciej Niećko

Fot. Albert Osiński

There is a coil behind the pipe connecting air filter and carburettor. The small photo shows the original 6V coil. The vehicle's present electric installation is 12V • Za rurą łączacą filtr powietrza z gaźnikiem znajduje się cewka. Małe zdjęcie przedstawia oryginalną cewkę 6V. Instalacja elektryczna tego pojazdu została przerobiona na 12V w celu ułatwienia użytkowania auta

Fot. Maciej Niećko

Details of cooling system with oil filling point • Układ chłodzenia z wlewem oleju

Fot. Albert Osiński

Fot. Albert Osiński

Front differential gear casing • Przedni most napędowy

Front differential gear casing • Przedni most napędowy

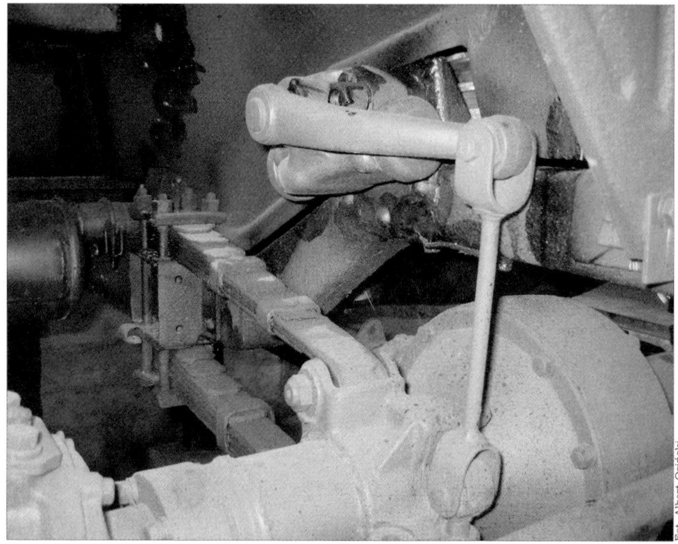

Fot. Albert Osiński

Front right wheel well and wheel details • Wnęka i detale przedniego prawego koła

Fot. Albert Osiński

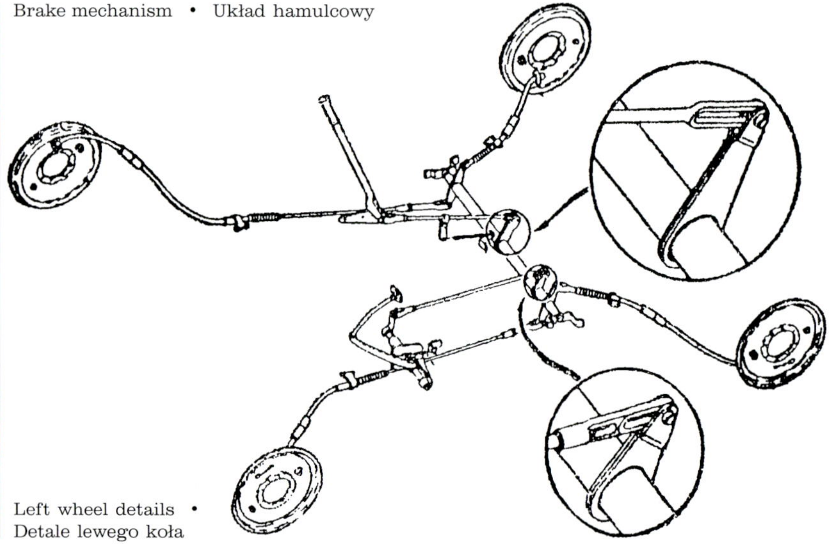

Brake mechanism • Układ hamulcowy

Left wheel details • Detale lewego koła

Fot. Albert Osiński

Fot. Maciej Niećko

Fot. Albert Osiński

Fot. Maciej Niećko

Fot. Albert Osiński

Front wheel shock-absorber and suspension spring • Amortyzator i resor przedniego koła

Fot. Albert Osiński

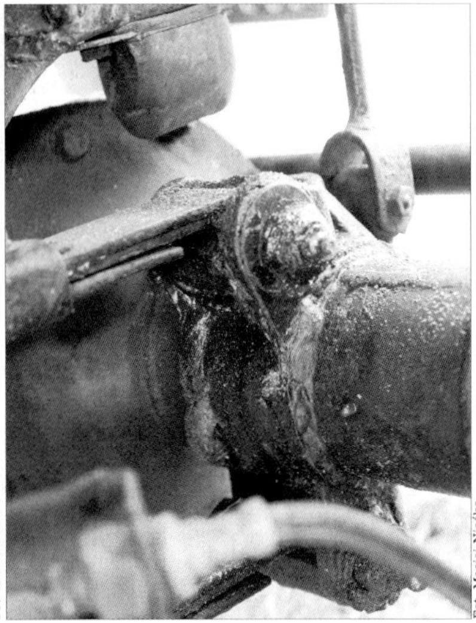

Fot. Maciej Niećko

Details of front suspension • Detale przedniego zawieszenia

Fot. Albert Osiński

Fot. Albert Osiński

Clutch and accelerator pedals' attachment points • Mocowanie do ramy auta pedałów sprzęgła i hamulca

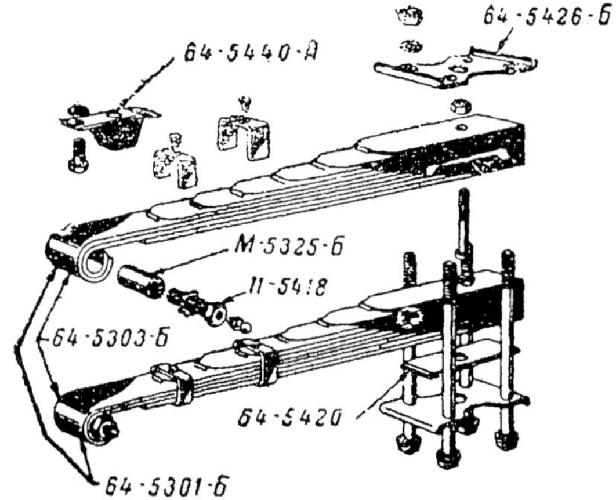

Front suspension spring • Przedni resor

Fot. Albert Osiński

Bottom part of the engine and gear box • Dolna część silnika i skrzyni biegów

Fot. Albert Osiński

Transfer case. Note the mounting flange of the front drive shaft • Skrzynka rozdzielcza. Widoczny kołnierz mocowania przedniego wału napędowego

Fot. Albert Osiński

Technical data on Gaz 67

Diemensions	
Length	3350 mm
Width	1685 mm
Height	1700 mm
Wheel base	2100 mm
Wheel track	1446 mm
Clearance (min.)	200 mm
Weight (loaded)	1320 kg
Load capacity	400 kg
Max speed	90 km/h
Fuel consumption (summer)	15 l
Average range	465 km

Rear drive shaft and rear suspension. The rear drive shaft is secured in separate cover • Tylny most napędowy i tylne zawieszenie

Fot. Albert Osiński

Rear part of the frame with towing hook mount • Tylna część ramy do której mocowany był hak holowniczy

Suspension spring and shock-absorber • Resor i amortyzator

Rear suspension details • Detale tylnego zawieszenia

Fot. Albert Osiński

Chassis frame • Rama

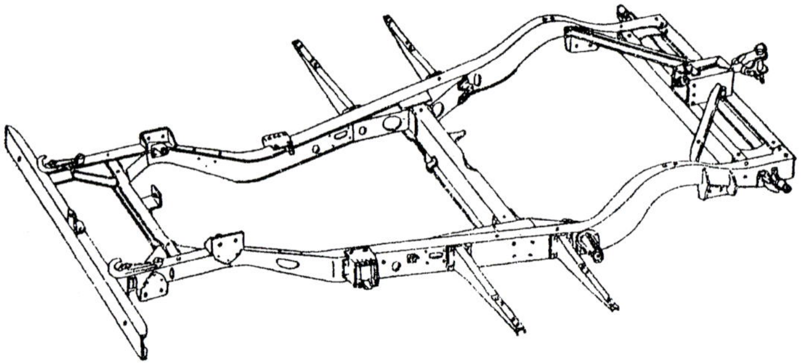

Fot. Albert Osiński

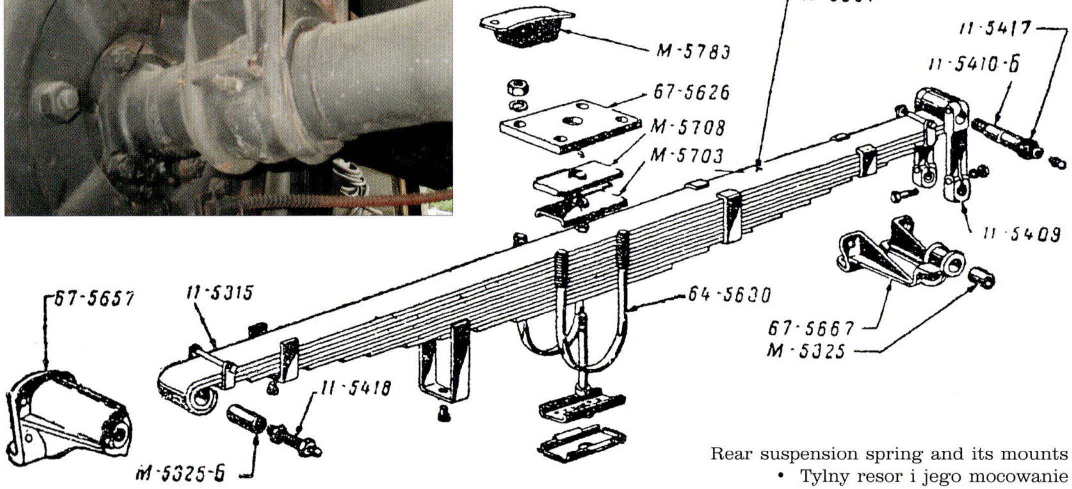

Rear suspension spring and its mounts • Tylny resor i jego mocowanie

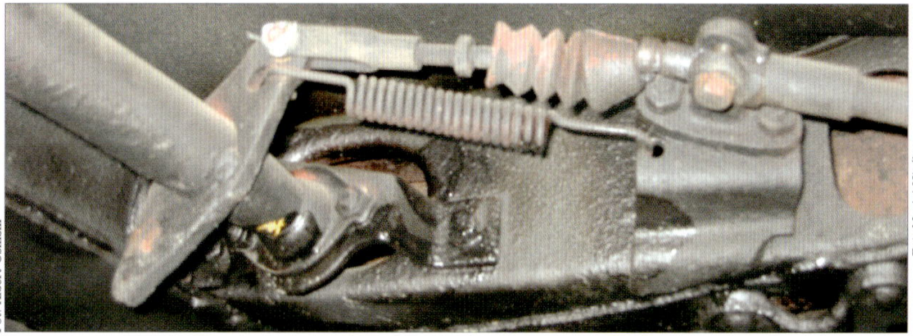

Shaft with levers and braking cables. Seen here are the rear brake cables. Front brake cables are missing. GAZ-67 was not equipped with hydraulic brakes • Wał poprzeczny z dźwigniami i linkami hamulcowymi.Widoczne linki należą do tylnych hamulców. Linki przednich hamulców nie są założone. GAZ-67 nie posiadał hamulców hydraulicznych

Towing hook • Hak holowniczy

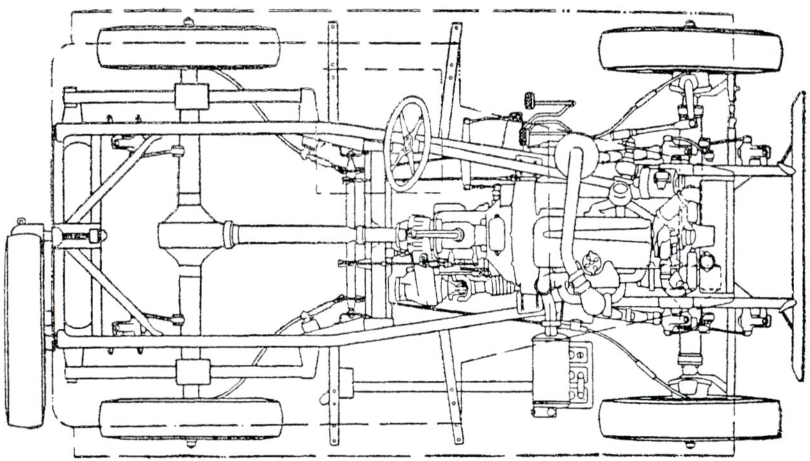

GAZ-67B – view from above • GAZ-67B – widok z góry

Front right wheel bay with a silencer • Wnęka przedniego prawego koła z tłumikiem układu wydechowego

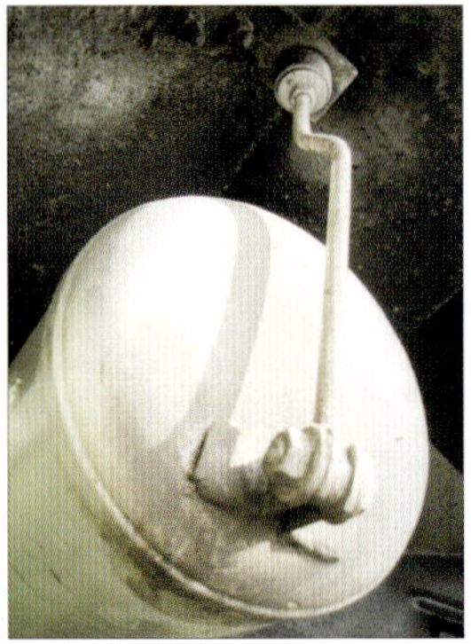

Fot. Albert Osiński